Impressum
Verlag: BABADADA GmbH, Nedderfeld 112 , 22529 Hamburg
Geschäftsführer / Verlagsleitung: Harald Hof
Druck: Books on Demand GmbH, In de Tarpen 42, 22848 Norderstedt

Imprint
Publisher: BABADADA GmbH, Nedderfeld 112 , 22529 Hamburg, Germany
Managing Director / Publishing direction: Harald Hof
Print: Books on Demand GmbH, In de Tarpen 42, 22848 Norderstedt

ښوونځی

shule

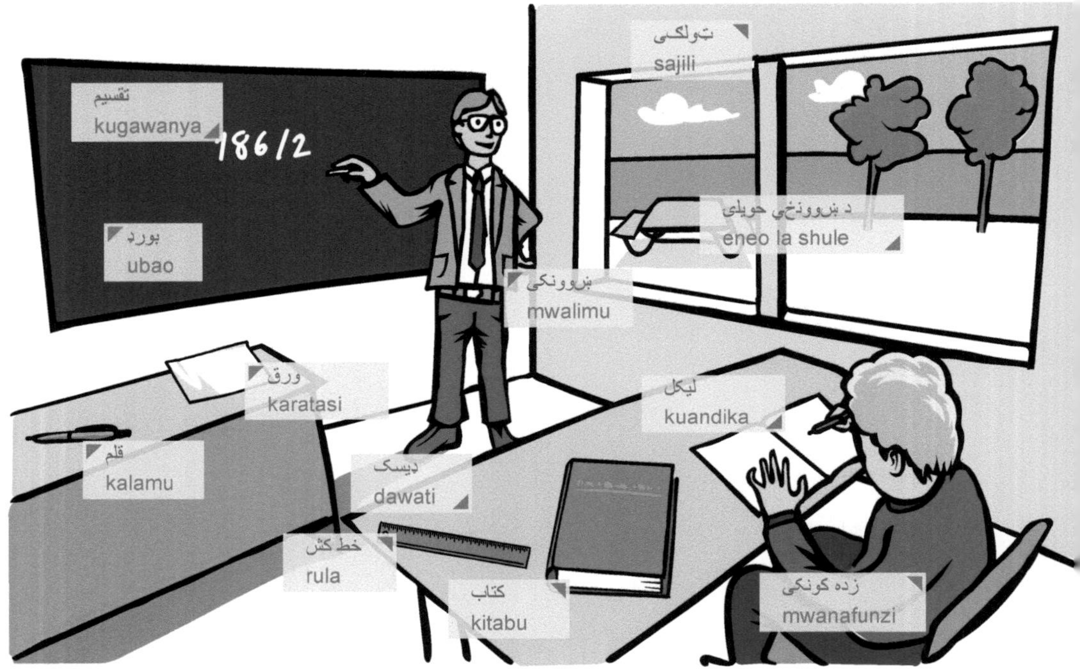

ټولګی
sajili
تقسیم
kugawanya
186/2
بورډ
ubao
د ښوونځي حویلی
eneo la shule
ښوونکی
mwalimu
ورق
karatasi
لیکل
kuandika
قلم
kalamu
ډیسک
dawati
خط کش
rula
کتاب
kitabu
زده کونکی
mwanafunzi

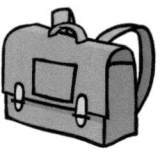

کڅوړه

mkoba

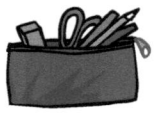

د پنسل بکسه

kikasha cha penseli

پنسل

penseli

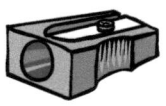

پنسل تراش

kichonga penseli

ربړ

mpira

د رسامۍ پاڼه

pedi ya kuchora

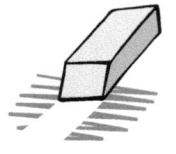

رسامي

uchoraji

د نقاشی برس

brashi ya rangi

د نقاشی بکس

sanduku la rangi

قیچي

mkasi

سریش

gundi

د تمرین کتاب

daftari

کورنی دنده

kazi ya nyumbani

12

ثمیر

nambari

2+2

جمع

jumlisha

5-2

منفي

ondoa

2×2

ضرب

zidisha

حساب

kokotoa

A

توری

barua

**ABCDEFG
HIJKLMN
OPQRSTU
VWXYZ**

الفبا

alfabeti

hello

کلمه

neno

متن

maandishi

لوستل

kusoma

تباشير

chaki

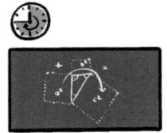

درس

somo

راجستر

sajili

ازموينه

uchunguzi

تصديق پاڼه

cheti

د ښوونځي يونيفارم

sare za shule

تعليم

elimu

دايره المعارف

elezo

پوهنتون

chuo kikuu

مايكروسكوپ

darubini

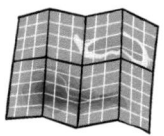

نقشه

ramani

اشغالدانى

kikapu cha kuweka karatasi chafu

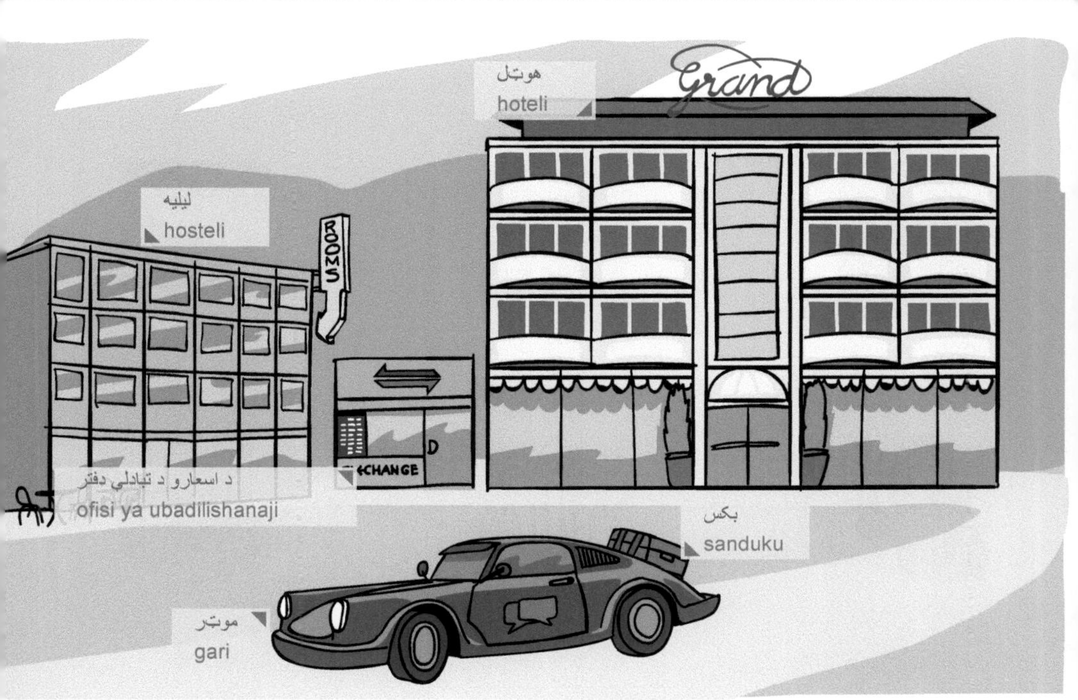

Grand
هوټل
hoteli
ليليه
hosteli
ROOMS
EXCHANGE
د اسعارو د تبادلې دفتر
ofisi ya ubadilishanaji
بکس
sanduku
موټر
gari

ژبه

lugha

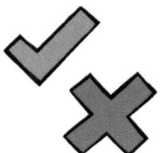

هو/نه

ndiyo / la

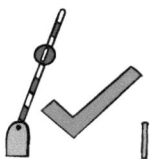

سمه ده

sawa

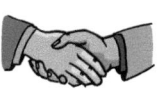

سلام

hujambo

ژباړونکی

mtafsiri

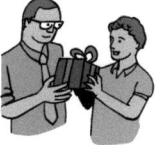

مننه

Asante

څومره دي...؟

kiasi gani ni ...?

زه نه پوهيږم

Sielewi

ستوَنزه

tatizo

ماښام مو پخير!

Jioni njema!

سهار په خير!

Habari za asubuhi!

شپه په خير!

Usiku mwema!

په مخه مو ښه

kwa heri

لارښود

mwelekeo

سامان

mizigo

بيگ

mfuko

شاتنی بکس

shanta

ميلمه

mgeni

خونه

chumba

د خوب كڅوړه

begi la kulalia

خيمه

hema

د توریزم معلومات

taarifa ya utalii

ساحل

ufuo

کریدیت کارت

kadi

ناری

kifunguakinywa

د غرمي خواړه

chakula cha mchana

د شپي خواړه

chakula cha jioni

تیکټ

tiketi

لفټ

kuinua

مهر

muhuri

پوله

mpaka

ګمرک

mila

سفارت

ubalozi

ویزه

visa

پاسپورټ

pasipoti

ټرانسپورټ

usafiri

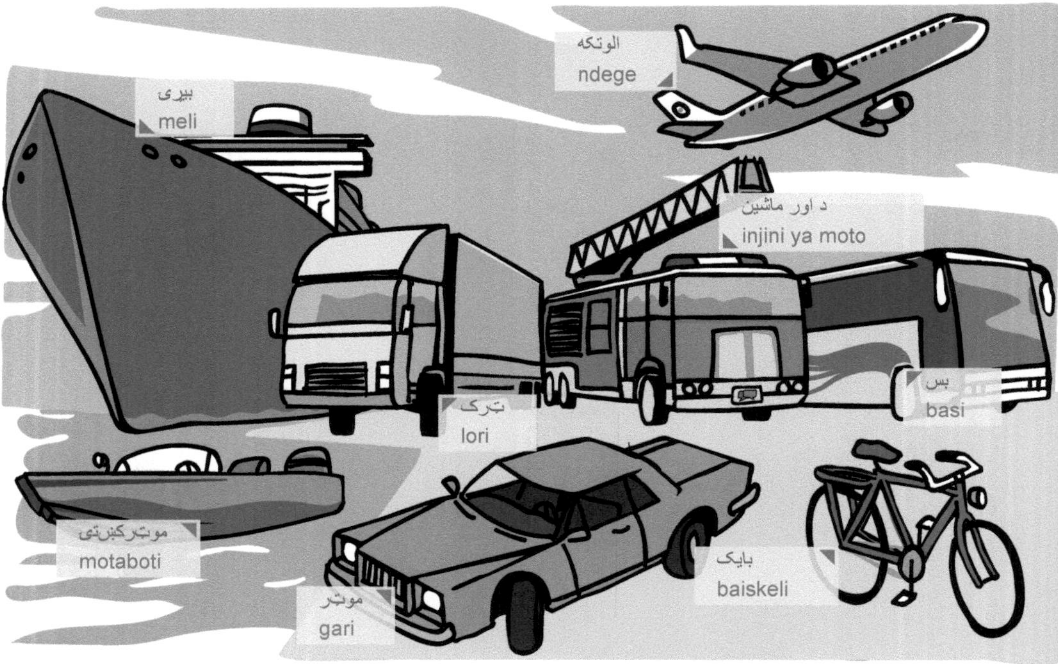

الوتکه
ndege
بېړۍ
meli
د اور ماشين
injini ya moto
بس
basi
ټرک
lori
موټرکښتۍ
motaboti
بايک
baiskeli
موټر
gari

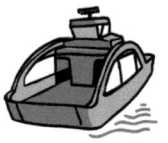

کښتۍ

feri

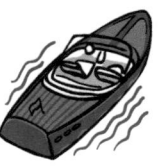

کښتۍ

mashua

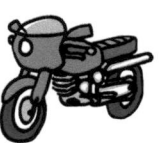

موټرسايکل

pikipiki

د پوليسو موټر

gari la polisi

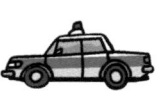

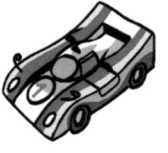

د ريس موټر

gari la mashindano

کرايي موټر

gari la kukodisha

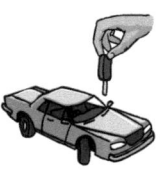

د كرايه موټري

kushiriki gari

جرثقيل لرونكى ټرک

lori la kuvuta

ريفيوز ټرک

ukusanyaji taka

موټر

motor

سونګ توكي

mafuta

پټرول سټيشن

kituo cha mafuta

ترافيكي نښه

ishara trafiki

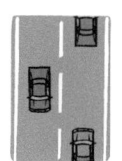

ترافيک

trafiki

جام ترافيک

msongamano

د موټرو تمځای

maegesho

د ريل سټيشن

kituo cha treni

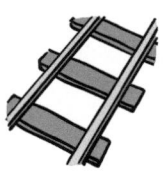

پانتكي

reli

ريل

garimoshi

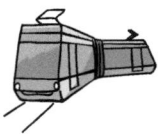

ټرام

tremu

واګون

gari la mizigo

چورلکه

helikopta

هوايي ډگر

uwanja wa ndege

برج

mnara

مسافر

abiria

کانتينر

chombo

کارتون

katoni

کارت

mkokoteni

ټوکری

kikapu

الوتنه کول/کښېناستل

ondoka

بن ار

jiji

کلی

kijiji

د بنار مرکز

katikati ya jiji

کور

nyumba

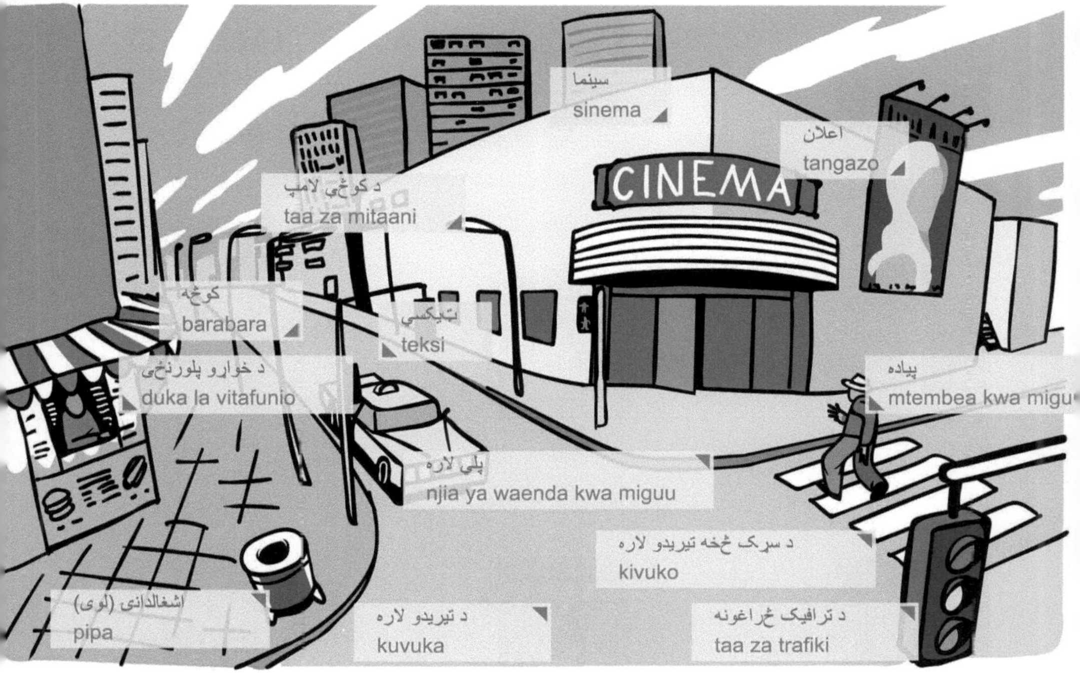

سینما
sinema

اعلان
tangazo

CINEMA

د کوڅې لامپ
taa za mitaani

کوڅه
barabara

ټېکسي
teksi

د خوارو پلورنځی
duka la vitafunio

پیاده
mtembea kwa miguu

پلی لاره
njia ya waenda kwa miguu

د سرک څخه تیریدو لاره
kivuko

اشغالدانی (لوی)
pipa

د تیریدو لاره
kuvuka

د ترافیک څراغونه
taa za trafiki

کوډله
kibanda

اپارتمان
gorofa

د ریل ستېشن
kituo cha treni

ښاروان هال
ukumbi wa mji

میوزیم
Makavazi

ښوونځی
shule

پوهنتون

chuo kikuu

بانک

benki

روغتون

hospitali

هوټل

hoteli

درملتون

duka la dawa

دفتر

ofisi

کتاب پلورنځی

duka la kitabu

پلورنځی

duka

د ګلانو پلورنځی

duka la maua

لوی پلورنځی

dukakuu

مارکیټ

soko

د ډیپارټمنټ سټور

idara ya kuhifadhi

کب پلورنځی

mwuza samaki

د پلور مرکز

kituo cha ununuzi

لنګرتون

bandari

پارک

Hifadhi

بينچ

benki

پل

daraja

زينه

vidato

د ښکتي لاندي

chini ya ardhi

تونل

handaki

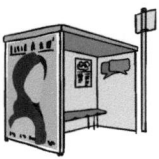

بس ټمخاى

kituo cha mabasi

بار

bar

ريستورانت

mgahawa

پوست بکس

sanduku la posta

د کوڅی نښه

ishara ya barabara

د پارک کولو ميټر

mita ya maegesho

ژوبڼ

bustani ya wanyama

د لامبو حوض

kidimbwi cha kuogelea

مسجد

msikiti

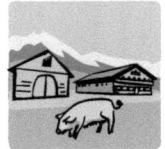

کرونده

shamba

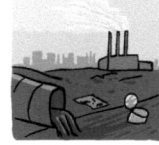

ناپاکي

uchafuzi

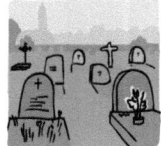

هدیره

makaburini

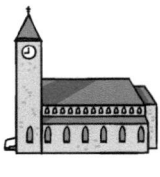

چرچ

kanisa

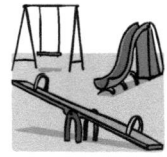

د لوبو ډګر

uwanja wa michezo

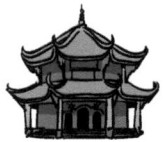

معبد/کلیسا

hekalu

منظره

mazingira

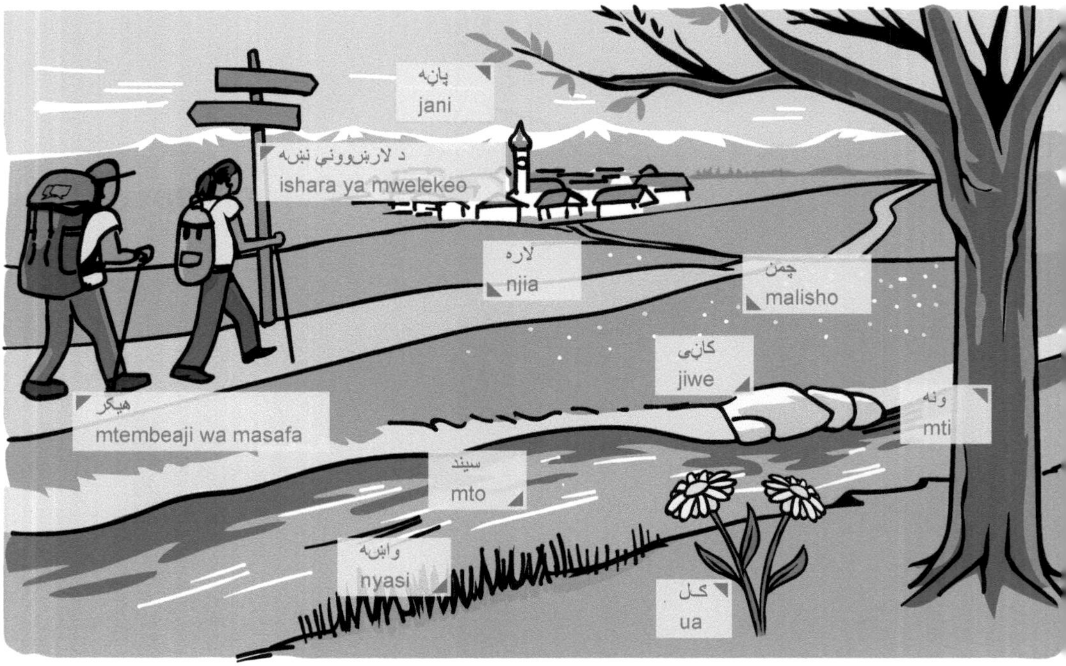
پاڼه
jani
د لارښوونې نښه
ishara ya mwelekeo
لاره
njia
چمن
malisho
کاڼی
jiwe
هیکر
mtembeaji wa masafa
ونه
mti
سیند
mto
واښه
nyasi
ګل
ua

دره
....
bonde

غوندی
....
kilima

ناور
....
ziwa

خنګل
....
msitu

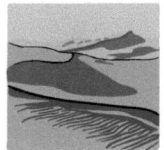

دشته
....
jangwa

اورشیندی
....
volkano

کلا
....
ngome

رنگین کمان
....
upinde wa mvua

مرخیړي
....
uyoga

پلم ونه
....
mtende

ماشي
....
mbu

الوتل
....
kuruka

میږی
....
chungu

مچۍ
....
nyuki

غوندد/جولا
....
buibui

کونگکت

mende

چونگبڑہ

chura

نولی

kuchakuro

زیردکی

nungunungu

سوی

sungura

کونگ

bundi

مرغی

ndege

قازہ

swan

نرخوک

nguruwe mwitu

هوسی

kulungu

گاوزہ

aina ya kongoni

بند

bwawa

بادي توربین

tabo ya upepo

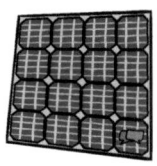

سولر تختی

nishaji ya jua

اقلیم

hali ya hewa

ریسټورانټ
mgahawa

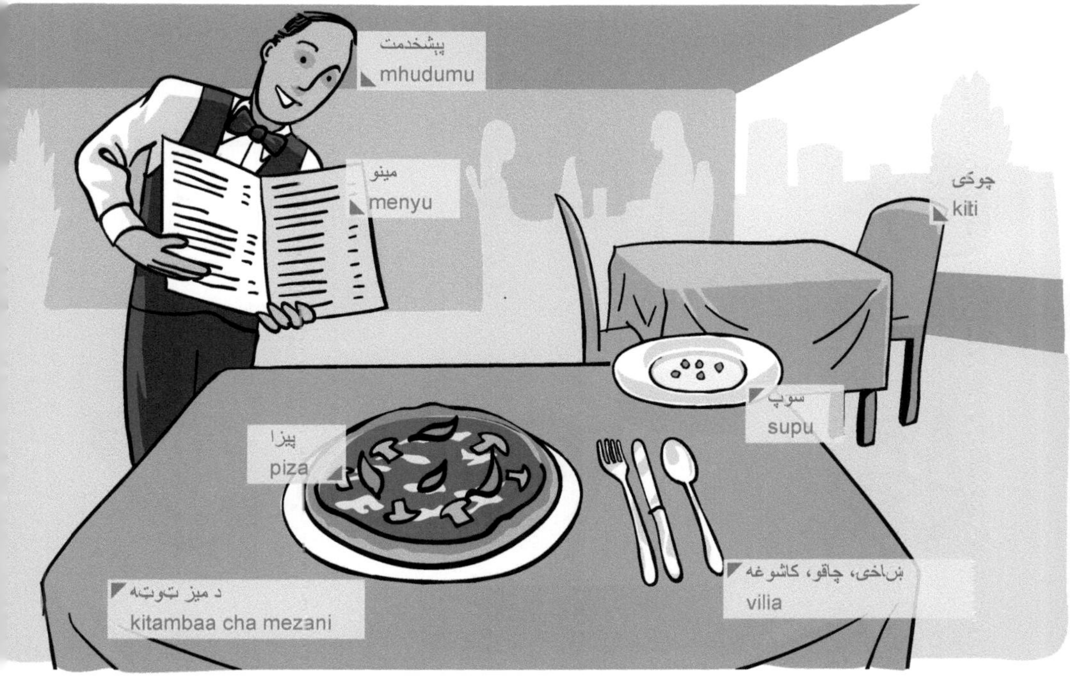
پیشخدمت
mhudumu
مینو
menyu
چوکۍ
kiti
سوپ
supu
پیزا
piza
د میز ټوټه
kitambaa cha mezani
بڼاخۍ، چاقو، کاشوغه
vilia

ستارټر
kiamsha hamu

اصلي خواړه
kozi kuu

شیریني
kitindamlo

څښاک
vinywaji

خواړه
chakula

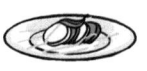

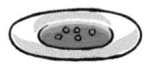

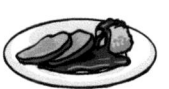

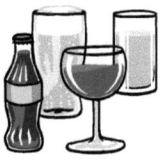

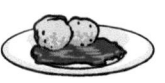

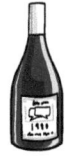

بوتل
chupa

فاسټ فوډ

chakula cha haraka

د کوڅي خواره

Streetfood

چای جوش

buli

قندانی

kisanduku cha sukari

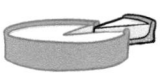

برخه

sehemu

اسپرسو مشین

mashine ya espresso

لوړه چوکی

kiti kirefu

رسید

muswada

مجمه

trei

چاکو

kisu

پنجه

uma

قاشق

kijiko

چای قاشق

kijiko cha chai

سورویت

nepi

گلاس

glasi

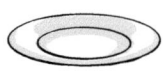

پلیت

sahani

د سوپ پلیت

sahani ya supu

نالبکی

sufuria

ساس

mchuzi

مالګه شیندونکی

kichanyaji chumvi

د مرچ ټکولو لوخی

kinu cha pilipili

سرکه

siki

غوړي

mafuta

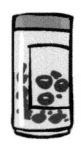

مساله

viungo

کچ اپ

kechapu

ثرشم

haradali

چکه

kachumbari nzito

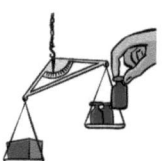

لوی پلورنځی

dukakuu

خانګړی وړاندیز
ofa maalum
FOR
پیرودونکی
mteja
لبنیات
maziwa
میوه
matunda
لاسي ځرخ
toroli

BUTCHERS

قصابي

mchinjaji

BAKERY

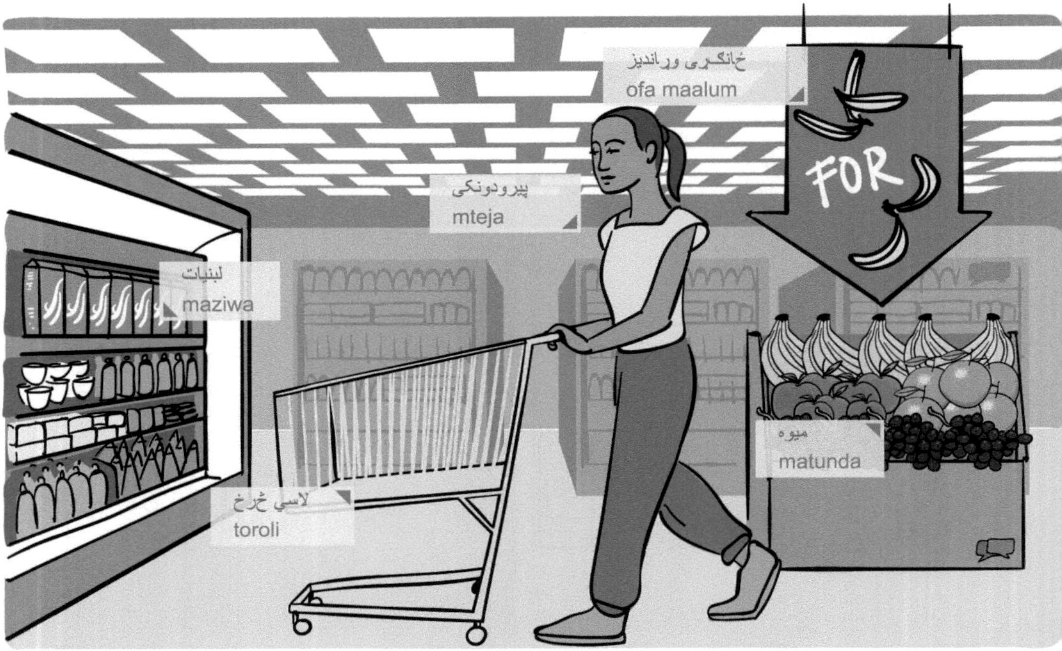

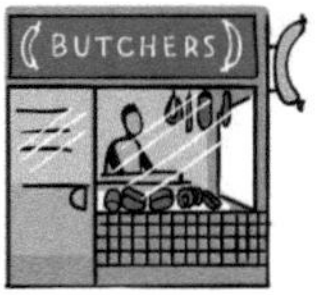

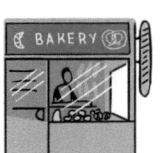

نانوایی

mwokaji

وزن کول

uzito

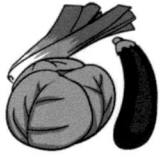

سبزیجات

mboga

غوښه

nyama

کنګل خواړه

chakula waliohifadhiwa

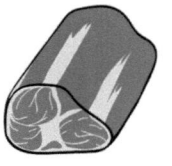

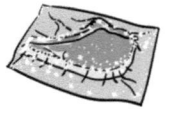

ستهغوش هخي

vipande vya nyama baridi

كنسروا خواړه

chakula cha kopo

د مينځلو پودر

sabuni ya unga

شيريني

pipi

د کورني توليدات

bidhaa za kaya

د پاکولو محصولات

bidhaa za kusafisha

د پلور فرد

mtu mauzo

د نغدي راجستر

mpaka

صراف

keshia

د پیرود لیست

orodha ya manunuzi

کاري ساعتونه

masaa ya ufunguzi

بټوه

mkoba

کریدیټ کارت

kadi

کڅوړه

mfuko

پلاستیک کڅوړه

mfuko wa plastiki

vinywaji

اوبه
....
maji

جوس
....
sharubati

شیده
....
maziwa

کوک
....
coke

واین
....
mvinyo

بیر
....
bia

الکول
....
pombe

ککاو
....
kakao

چای
....
chai

کافی
....
kahawa

اسپرسو
....
spreso

کپچینو
....
kapuchino

كيله

ndizi

من.ه

tufaha

نارنج

machungwa

هندوانه

tikiti

ليمو

lemon

گازره

karoti

هوږه

kitunguu saumu

بانكس

mianzi

پياز

kitunguu

مرخيړي

uyoga

چغزى

karanga

آش

nudo

سپیگټي
spageti

وريجي
mpunga

سلاد
saladi

چپس
vibanzi

سره کري کچالو
viazi vya kukaanga

پيزا
piza

همبرگر
hambaga

ساندويچ
sandwichi

كتره
kipande

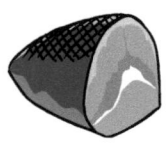

د پتون غوښه
paja la mnyama

سلمي
salami

ساسچ
soseji

چرگ
kuku

روست
choma

كب
samaki

د وربشي شيرني
oats ya uji

موسلي
muesli

د جوار پلی
cornflakes

اوړه
unga

کروسانت
kroisanti

د ډوډی رول
andazi

ډوډی
mkate

ټوسټ
mkate wa kubanika

بسکیټ
biskuti

کوچ
siagi

چکه
maziwa mgando

کیک
keki

هګی
yai

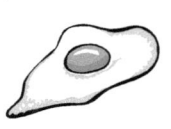

پخي هګی
yai kukaanga

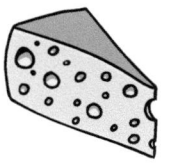

پنیر
jibini

آيس كريم

aiskrimu

بوره

sukari

شهد

asali

مربا

jemu

نوگساٽ كريم

kuenea kwa chokoleti

كوركمان

mchuzi wa viungo

کرونده

shamba

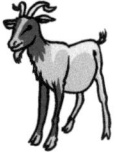

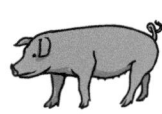

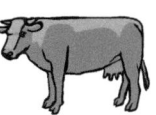

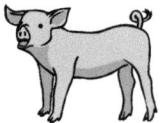

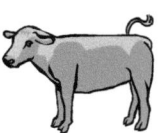

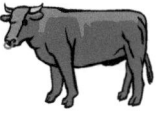

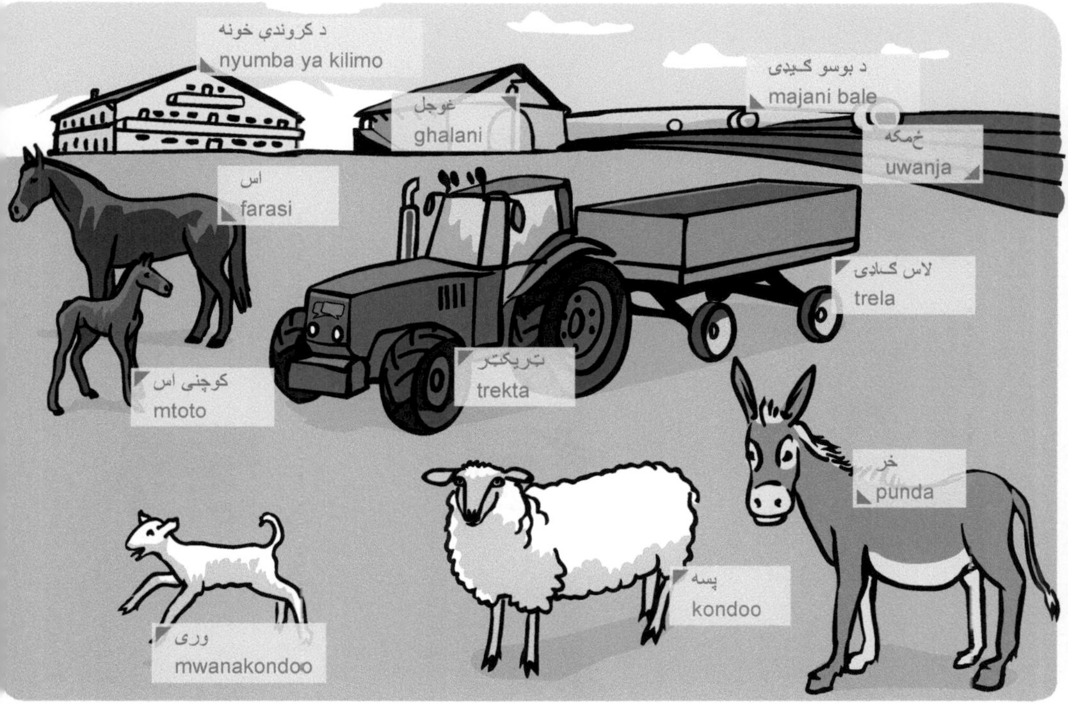

د کروندې خونه
nyumba ya kilimo
غوجل
ghalani
د بوسو ګېډۍ
majani bale
خمکه
uwanja
اس
farasi
لاس ګاډی
trela
کوچنی اس
mtoto
ټریکټر
trekta
خر
punda
پسه
kondoo
وری
mwanakondoo

وزه

mbuzi

غوا

ng'ombe

خوسکی

ndama

خوګ

nguruwe

د خوګ بچی

mwananguruwe

غویی

fahali

بتﻪ

batabukini

هيلۍ

bata

چرګوړی

kifaranga

چرګه

kuku

بانګي

jogoo

سارای موږک

panya

پيشک

paka

موږک

panya

غوبی

ng'ombe

سپی

mbwa

د سپي خونه

nyumba ya mbwa

د باغ هوز

bomba la bustani

د اوبو لوخی

debe la kumwagilia maji

لور (داس)

fyekeo

يوی

kulima

لور

mundu

رمبی

jembe

بڼاخی

uma wa nyasi

تبر

shoka

کراچی

toroli

هاوه

kupitia nyimbo

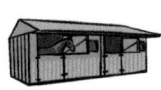

د شیدو لوخی

chombo cha maziwa

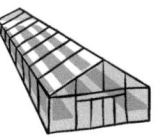

جوال

gunia

کتاره

ua

مضبوط

imara

شنه خونه

chafu

خاوره

udongo

تخم

mbegu

سر/ه/کود

mbolea

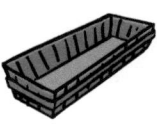

گد ریپونکی ماشین

kivunaji

زيرمه كول

mavuno

درمند

mavuno

خواړه كچالو

viazi vikuu

غنم

ngano

سويا

soya

كچالو

viazi

جوار

mahindi

نباتي تخم

rapa

د ميوي ونه

mti wa matunda

مانيوک

muhogo

غله

nafaka

کور

nyumba

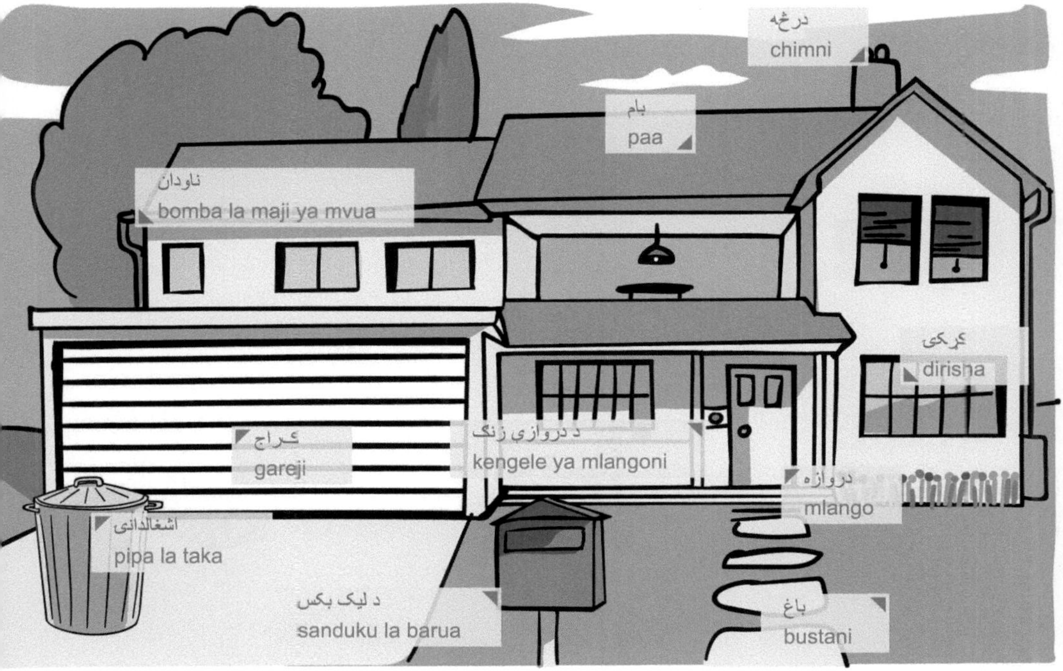
درځه
chimni
بام
paa
ناودان
bomba la maji ya mvua
کړکۍ
dirisha
ګراج
gareji
د دروازې زنګ
kengele ya mlangoni
دروازه
mlango
اشغالدانی
pipa la taka
د لیک بکس
sanduku la barua
باغ
bustani

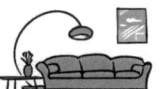

د اوسیدو خونه

sebuleni

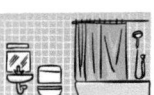

حمام

bafu

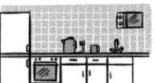

پخلنځی

jikoni

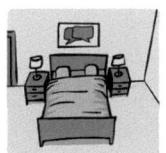

د ویده کیدو خونه

chumba cha kulala

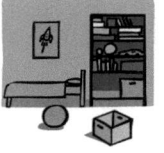

د ماشوم خونه

chumba ya mtoto

د خوړو خونه

chumba cha kulia

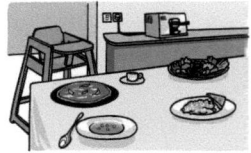

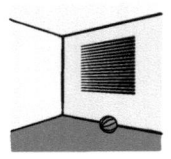

فرش

sakafu

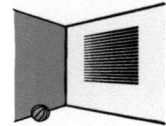

ديوال

ukuta

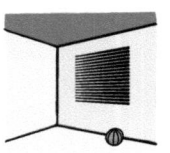

چت

dari

زيرخانه

pishi

سونا

sauna

بالكوني

roshani

سترات

mtaro

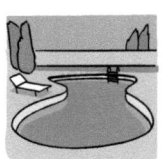

حوض

kidimbwi

د چمن وهلو ماشين

mashine ya kukata nyasi

شيت

karatasi

روجايی

kitambaa cha kupamba kitanda

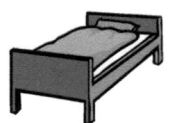

تخت

kitanda

جارو

ufagio

بوكه

ndoo

سويچ

kubadili

د اوسیدو خونه

sebuleni

والپیپر
mandhari
عکس
picha
لامپ
taa
شیلف
rafu
الماری
kabati
تلویزیون
televisheni/runinga
نغری
mekoni
ګل
ua
بالښت
mto
صوفه
sofa
ګلدانی
chombo cha maua
ریموټ کنټرول
kitenzambali

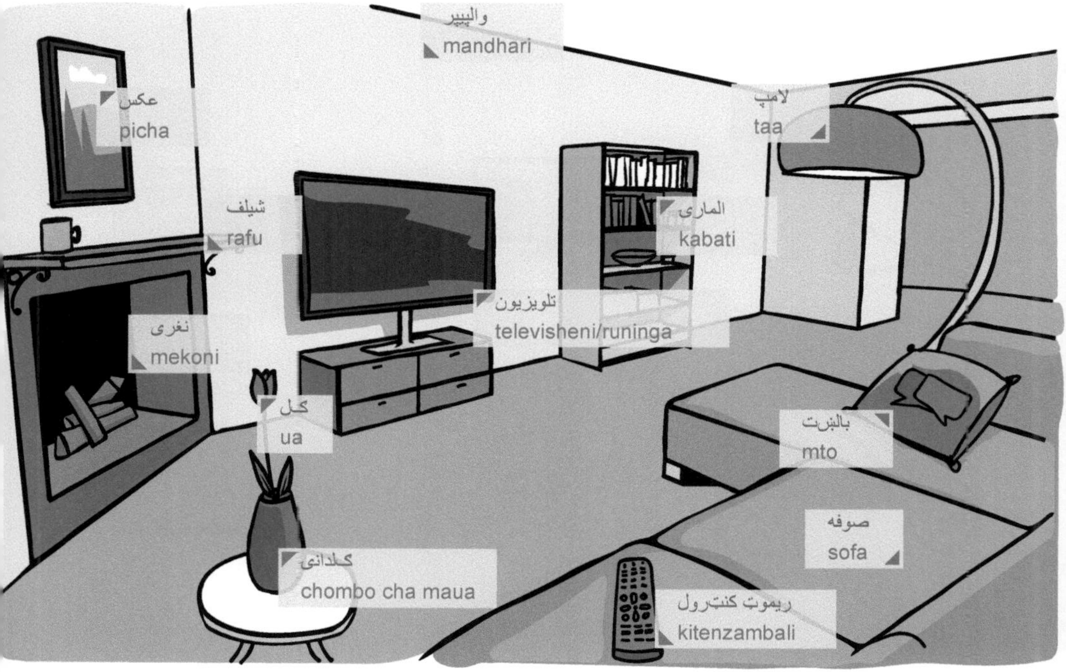

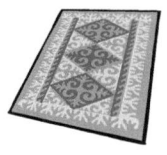

غالی

zulia

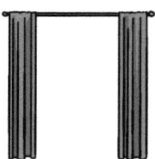

پرده

pazia

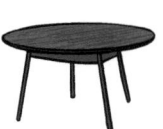

میز

meza

چوکی

kiti

تاویدونکي چوکی

kiti cha bembea

بازو لرونکی چوکی

armchair

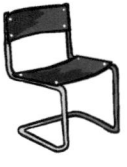

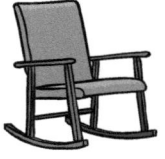

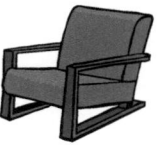

كتاب

kitabu

كمپل

blanketi

ديکوريشن

mapambo

د اور لرکـي

kuni

فلم

filamu

هايفاى

kifaa cha hi-fi

کلي

ufunguo

ورځپاڼه

gazeti

نقاشي

uchoraji

پوسټر

bango

راديو

redio

کتابچه

daftari

واکيوم جارو

kifyonza

کاکټوس

dungusi kakati

شمع

mshumaa

پخلنځی
jikoni

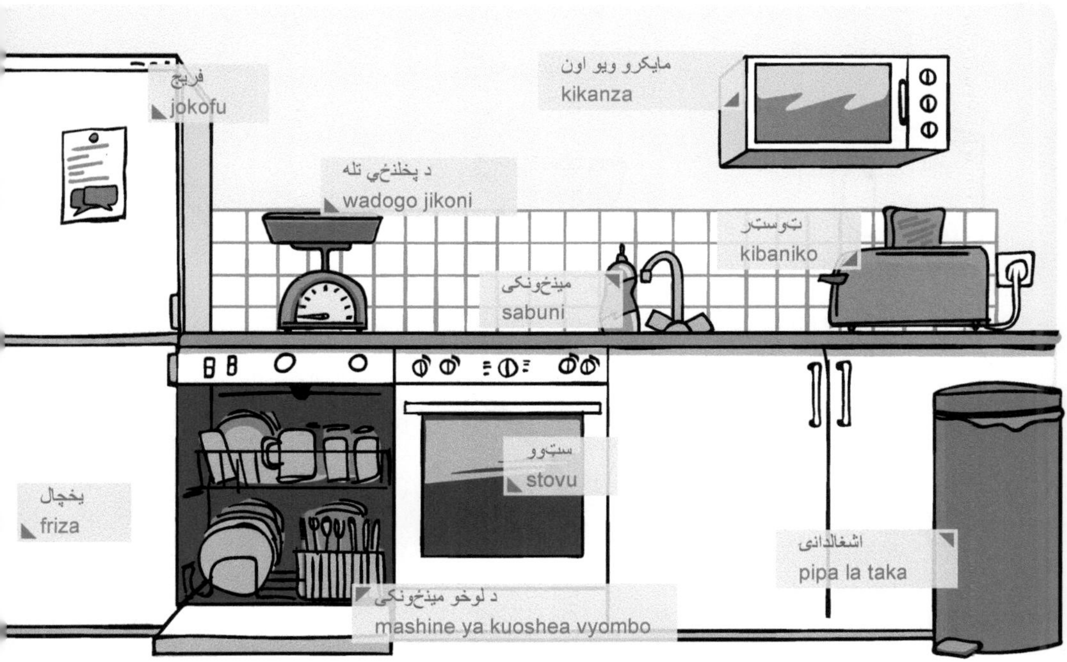

فریج
jokofu
مایکرو ویو اون
kikanza
د پخلنځي تله
wadogo jikoni
ټوستر
kibaniko
مینځونکی
sabuni
ستوو
stovu
یخچال
friza
اشغالدانی
pipa la taka
د لوخو مینځونکی
mashine ya kuoshea vyombo

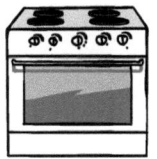

دیگ بخار

jiko la kupika

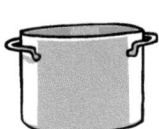

لوخی

chungu

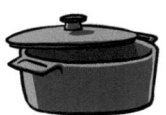

چدني لوخی

sufuria ya chuma

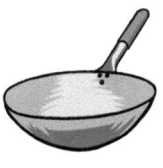

ووک

wok / kadai

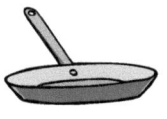

د تلي په

kaango

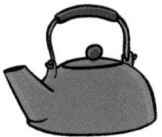

چای جوش

birika

د بخار ديگ

stima

پتنوس

sinia ya kuoka

لوخي

vyombo vya udongo

مگ

kombe

كاسه

bakuli

د رانيولو اوزار

vijiti vya kulia

څمڅی

ukawa

كفګير

mwiko mpana

پاكونكی

burashi

صافي

kichujio

غلبيل

chujio

ګريتر

mbuzi

اونګ

chokaa

بار بي كيو

barbeque

خلاص اور

moto wazi

تخته

ubao wa majaribio

هوارونکی

kijiti cha kusukuma unga

کارک سکریو

kizibuo

ټین

kopo

د ټین خلاصونکی

inaweza kopo

د لوخي تبوتنه

kishikio cha chungu

ظرف شوی

karo

برس

brashi

سپنج

sifongo

بليندر

kisagaji matunda

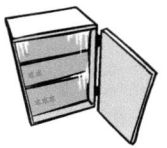

ژور يخچال

friji ya kina

د ماشوم بوتل

chupa ya mtoto

نل

bomba

حمام
bafu

تودول
joto
جان پاک
taulo
شاور
mfereji wa kuogea
د شاور پرده
pazia la kuogea
ببل حمام
maji ya kuoga yenye povu
د حمام ټب
hodhi
ګلاس
glasi
د مينځلو مشين
mashine ya kuosha
ټايلونه
vigae
نل
bomba
يو دول كموډ
poti
ظرف شوی
karo

تشناب
choo

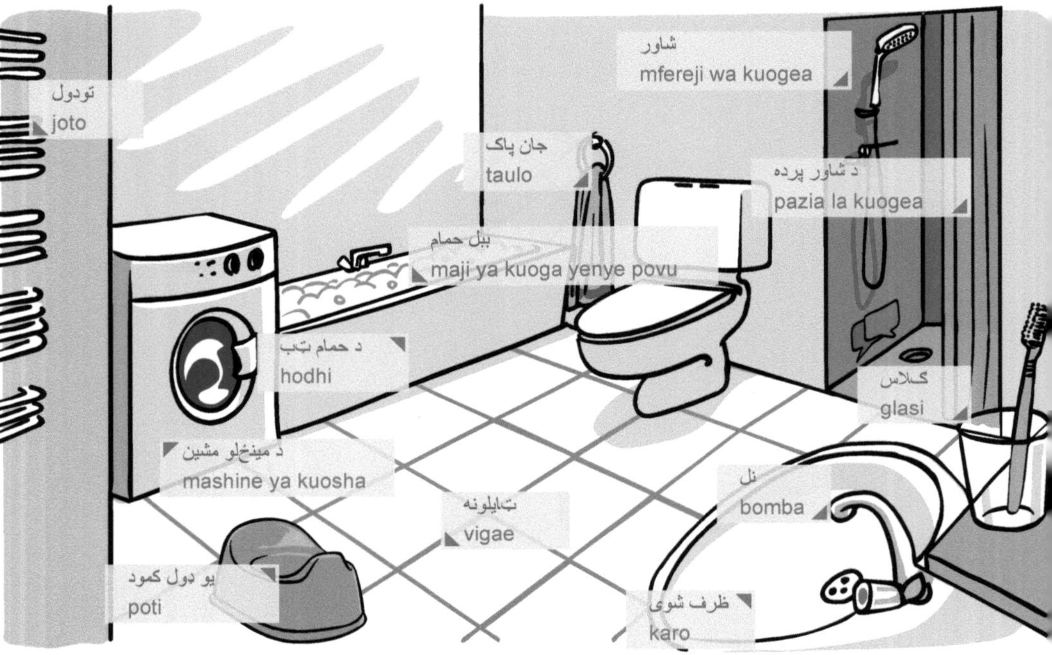

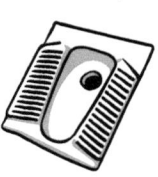

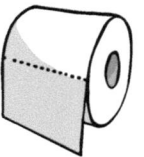

فرشي كموډ
choo cha squat

كموډ
beseni la mviringo

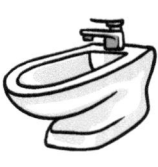

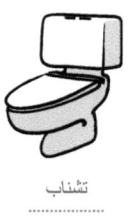

د متيازو ځای
choo cha umma

تشناب كاغذ
shashi

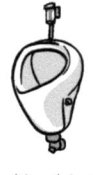

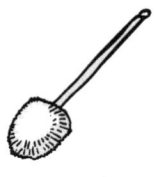

د تشناب برس
brashi ya choo

د غاښونو برس

mswaki

د غاښونو کریم

dawa ya meno

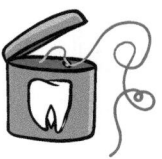

د غاښونو نخ

dawa ya meno

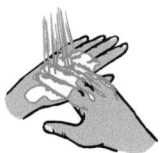

مینځل

safisha

روار يسا لا

kuoga mkono

دوش

msukumo wa maji

خانک

bonde

د شا برس

mpako wa pili

صابون

sabuni

د شاور ژل

jeli ya kuogea

شامپو

shampuu

فلانل جامه

flana

وچول

toa maji

کریم

krimu

سپری

kiondoa harufu

آینه

kioo

آینه لاسي

kioo mkono

ریزر

kinyozi

د خریلو فوم

povu la kunyoa

د خریلو وروسته

baada ya kunyoa

ږمنځ

kichana

برس

brashi

د ویښتانو وچونکی

kikausha nywele

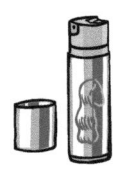

د ویښتانو سپری

marashi ya nyewele

میک اپ

vipodozi

لیپ ستیک

kidomwa

د نوکانو پالش

varnish ya msumari

کاتن وری

pamba

ناخن ګیر

mkasi wa kucha

عطر

manukato

د مېنځلو کڅوړه

mkoba wa kuosha

ستول

kinyesi

د وزن کولو تله

mizani

د حمام پوښاک

nguo ya kuoga

د ربړ دستکش

glavu za mpira

نوامیت

kisodo

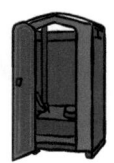

صحیي جان پاک

sodo

کیمیکل تشناب

kemikali choo

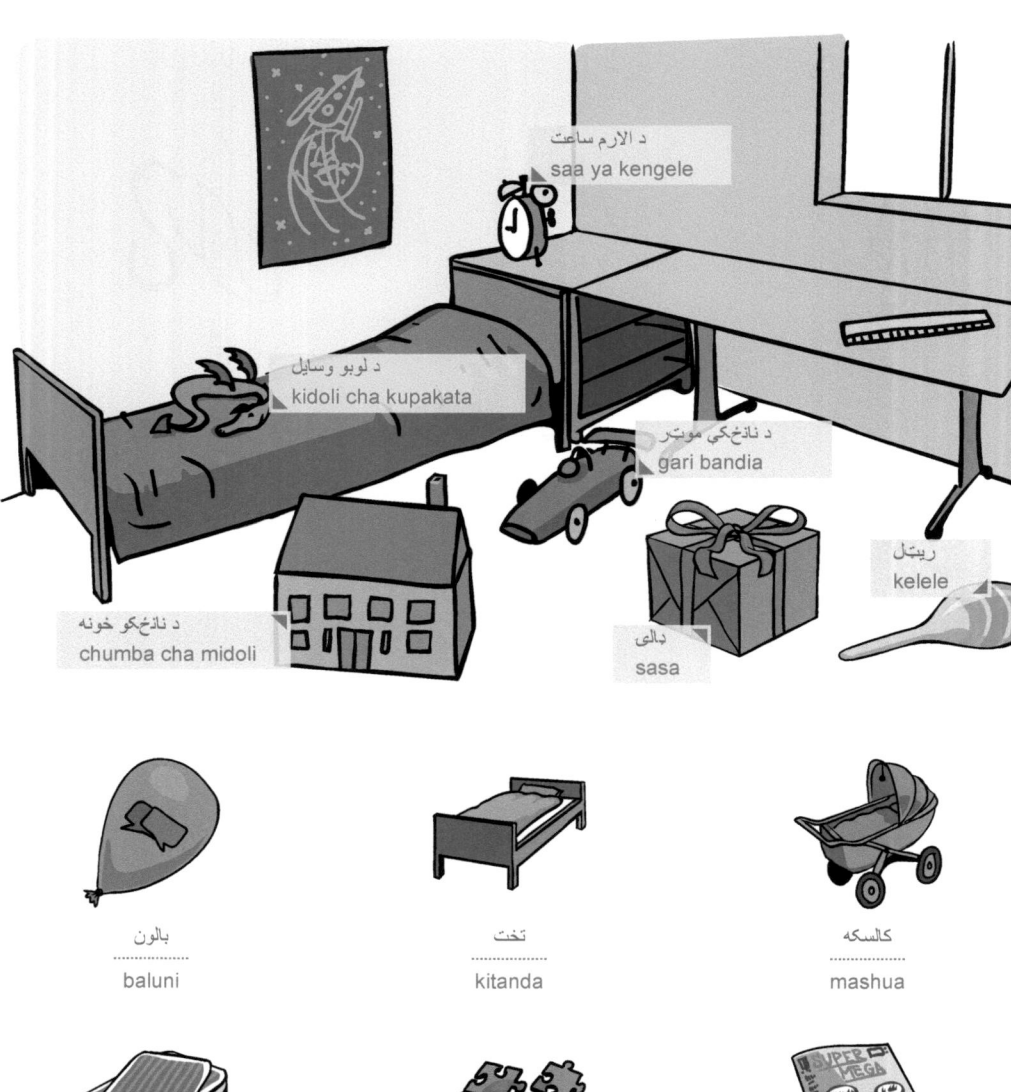

د الارم ساعت
saa ya kengele

د لوبو وسايل
kidoli cha kupakata

د نادخکي موټر
gari bandia

ريټل
kelele

د نادخکو خونه
chumba cha midoli

بالۍ
sasa

بالون
baluni

تخت
kitanda

کالسکه
mashua

د لوبو ورقي
staha ya kadi

جيګسا
mchezo-fumb

مسخره
vichekesho

لیگو بریک

matofali lego

د ناندخکو بلاک

vitalu mwigo

د اکشن فیګور

hatua takwimu

د ماشوم پوښناک

suti ya kulalia

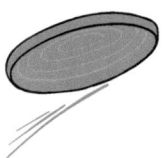

فریزبي

kisahani

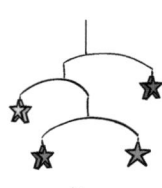

موبایل

simu

بورد لوبه

ubao wa michezo

تاس

kete

مادل ریل سیت

garimoshi mwigo

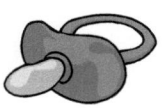

ګونګشی

dummy

پارتي

chama

د عکسونو البوم

picha kitabu

بال

mpira

ناندخکه

kikaragosi

لوبیدل

kucheza

د ماشوم خونه - chumba ya mtoto

د شګو کنده
....
shimo la mchanga

سوينګ
....
bembea

ناڅخکی
....
vitu bandia

د ویډیو لوبو کنسول
....
kiweko cha video ya mchezo

تری سایکل
....
baiskeli ya magurudumu

ګوډیکه
....
mwanasesere

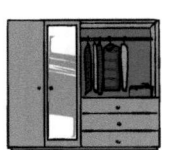

د کالو الماری
....
kabati

matatu

جرابي
....
soksi

لوړي جرابي
....
stokingi

تایتس
....
kibano

زروکی
skafu

کمربند
ukanda

چتری
mwavuli

تي شرت
fulana

بوتتان
viatu

سلپير
ndara

سنيکر
wakufunzi

سيندل
malapa

بوتتان
viatu

د ربر بوتتان
mabuti ya mpira

زيرنيکري
suruali ya ndani

سينه بند
sidiria

واسکت
fulana

بادي

mwili

پتلون

suruali

جينز

dangirizi

لمن

sketi

بلاوز

blauzi

شرت

shati

بنيان

vuta

سويتر

sweta

بليزر

bleza

جاكت

jaketi

كوت

koti

د باران كوت

koti la mvua

پوښاک

maleba

كالي

gauni

د واده پوښاک

mavazi ya harusi

دريشي

suti

د شپۍ پوښاک

vazi la usiku

پاجامه

pajama

ساري

sari

لوپټه

skafu

پټکی

kilemba

برقه

burka

کفتن

kaftan

عبا

abaya

د لامبو پوښاک

vazi la kuogelea

نیکر

vazi la kiume la kuogelea

شارټ

kaptura

د ځغاستی پوښاک

teitei

پیش بند

aproni

دستکش

glavu

بتن

kifungo

عینک

glasi

لاس بند

bangili

غاړه کۍ

mkufu

ګوتمه

pete

غوږوالی

herini

خولۍ

kofia

کوټ بند

kiango cha koti

خولۍ

kofia

ټایی

tai

ځنځیر

zipu

هیلمیټ

kofia

ټرونکی

kanda za suruali

د ښوونخي یونیفارم

sare za shule

یونیفارم

sare

بيب
....
bibu

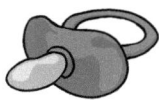

گـونگشى
....
dummy

نيپي
....
nepi

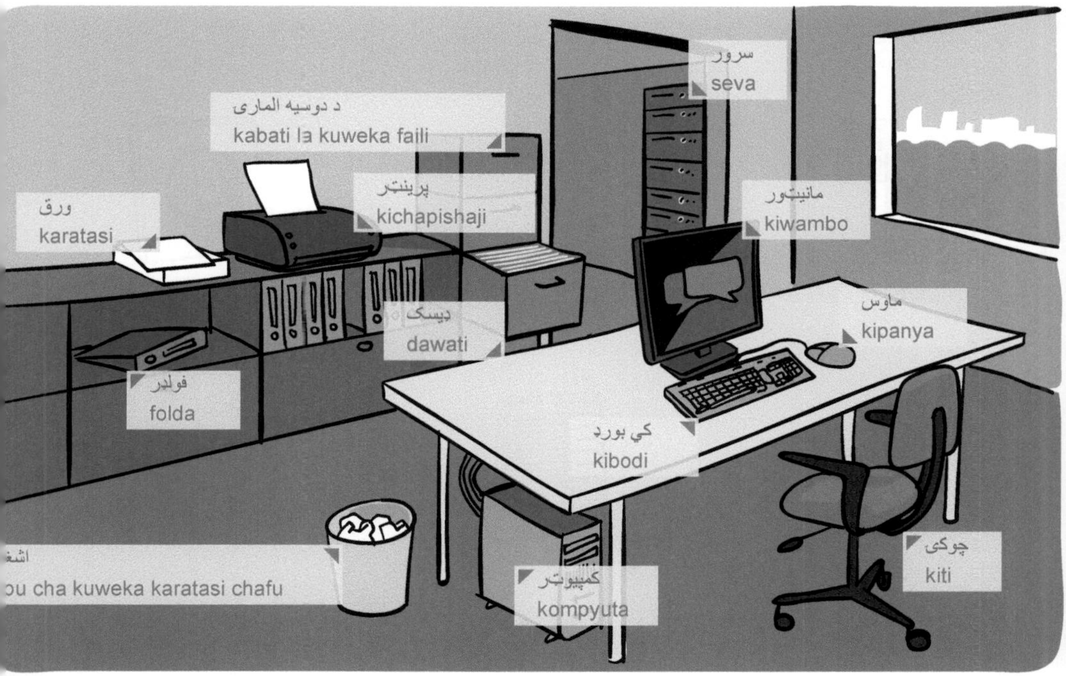

سرور
seva

د دوسيه الماری
kabati la kuweka faili

پرينتر
kichapishaji

مانيتـور
kiwambo

ورق
karatasi

ديسک
dawati

ماوس
kipanya

فولدر
folda

كي بورد
kibodi

اشغة
ou cha kuweka karatasi chafu

چوكى
kiti

كمپيوتر
kompyuta

د كافي پياله
....
kmobe la kahawa

كالكوليتر
....
kikokotoo

انترنيت
....
biashara

لپ تاپ

mbali

کیل

barua

پیغام

ujumbe

موبایل

rununu

کرتوین

intaneti

فوتوکاپیر

fotokopia

سافتویر

programu

تلیفون

simu

پلک ساکت

soketi

فکس مشین

kipepesi

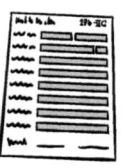

فارم

fomu

سند

hati

پیرل

kununua

لوک هیداتا

kulipa

لوک يركادوس

biashara

پیسی

fedha

دالر

dola

يورو

yuro

ین

yeni

لبر

rouble

کنارف يسيوس

faranga ya Uswisi

ناوي يبنبيمنير

renminbi yuan

یپور

rupia

یاځ وسیپ يدغن د

eneo la kulipia

د اسعارو د تبادلي دفتر

ofisi ya ubadilishanaji

سره زر

dhahabu

سپین زر

fedha

تیل

mafuta

انرژي

nishati

نرخ

bei

قرارداد

mkataba

ماليه

kodi

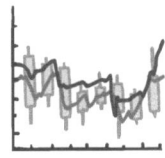

اسهام

bidhaa

کار کول

kazi

کارمند

mfanyakazi

کار کومارونکی

mwajiri

فابریکه

kiwanda

پلورنځی

duka

مسلکونه
kazi

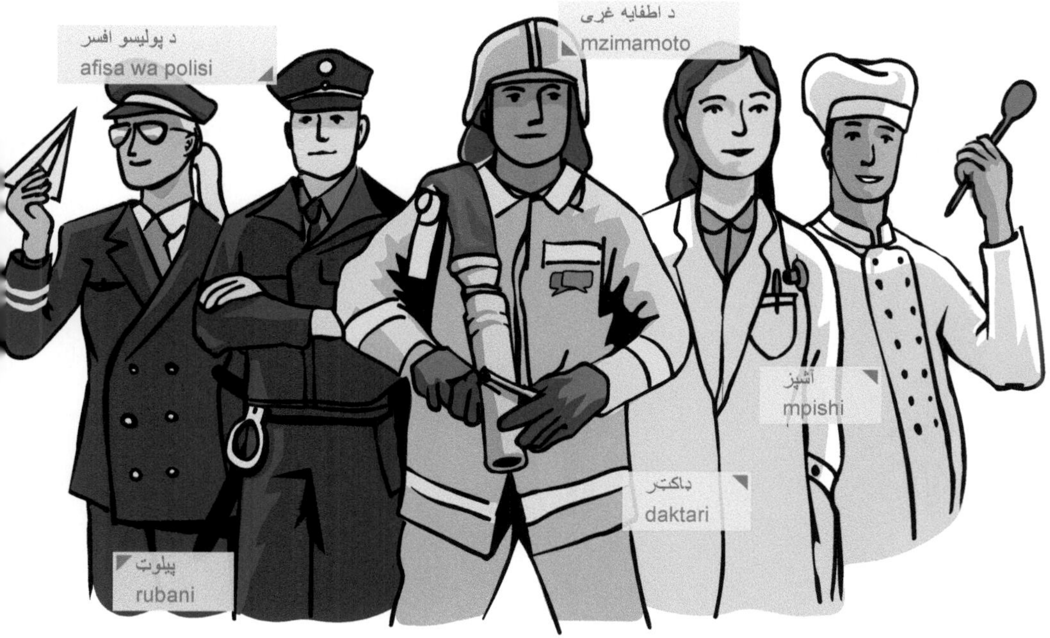
د پولیسو افسر
afisa wa polisi
د اطفایه غری
mzimamoto
آشپز
mpishi
ډاکټر
daktari
پیلوټ
rubani

باغوان

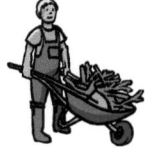

mtunza bustani

نجار

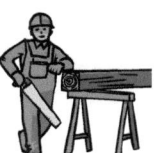

seremala

خیاط

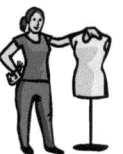

mshonaji

قاضي

hakimu

کیمیا پوه

mwanakemia

د فلم لوبغاړی

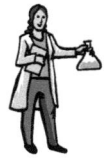

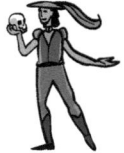

muigizaji

د بس ډرايور

dereva wa basi

د ټيکسي ډرايور

dereva wa teksi

کب نيونکی

mvuvi

خدمه

mwanamke wa kusafisha

بام جوړونکی

mwezekaji

پېشخدمت

mhudumu

ښکاري

mwindaji

نقاش

mchoraji

نانوا

mwokaji

د برېښنا کارکونکی

umeme

تعمير جوړونکی

mjenzi

انجنير

mhandisi

قصاب

mchinjaji

نلدوان

fundi bomba

پوست رسونکی

mwanaposta

سرتيری

mwanajeshi

مهندس

msanifu majengo

صراف

keshia

ماليار

muuza maua

نايی

msusi

كليندر

kondakta

ميكانيك

mekanika

كپتان

nahodha

د غاښونو ډاكتر

daktari wa meno

ساينس پوه

mwanasayansi

شاغلی

rabbi

امام

imamu

مذهبی نفر

mtawa

پادري

kasisi

لوازم

zana

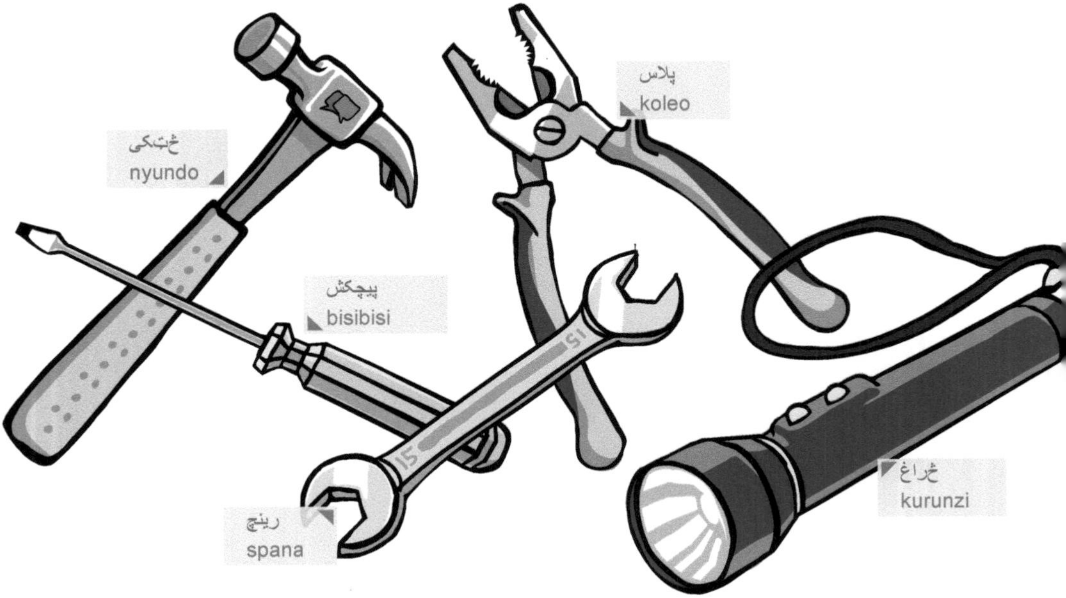

څټکی
nyundo
پلاس
koleo
پیچکش
bisibisi
رینچ
spana
څراغ
kurunzi

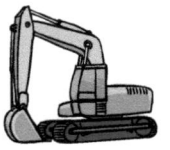

کنستونکی

mchimbaji

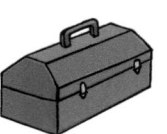

د لوازمو بکس

sanduku la vifaa

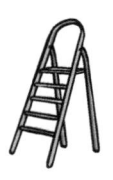

زینه

ngazi

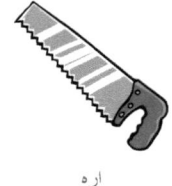

اره

msumeno

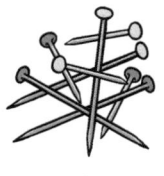

میخونه

misumari

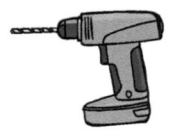

برمه

kuchimba visima

ترميم کول

kukarabati

بيل

sepetu

لعنت!

Lo!

خاک انداز

kishikio cha uchafu

مشواني

chungu cha rangi

پيچونه

skurubu

د ميوزيک آلات

ala za muziki

لاود سپيکر
spika

درم سيټ
mpangilio wa ngoma

کيتار
gita

کنترباس
besi mara mbili

ترومپيټ
tarumbeta

پيانو

piano

وايلن

fidla

باس

ubeji

نغاره

timpani

درمونه

ngoma

کي بورډ

kibodi

سيکسافون

saksafoni

شپيلۍ

filimbi

مايکروفون

maikrofoni

ژوبڼ

bustani ya wanyama

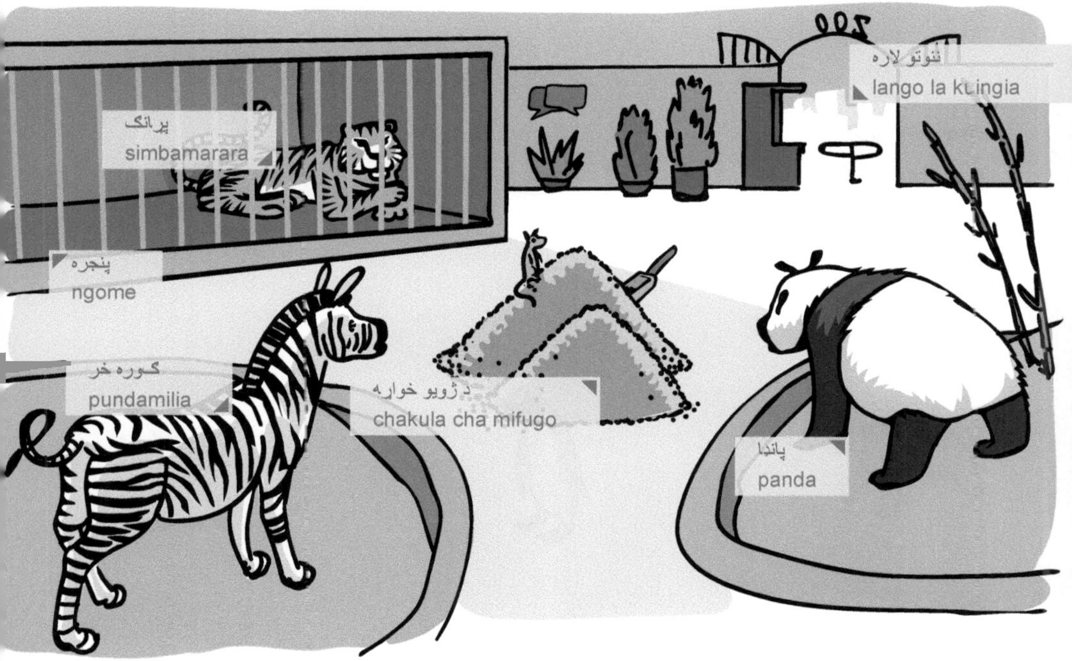
ننوتو لاره
lango la kuingia
پړانګ
simbamarara
پنجره
ngome
ګوره خر
pundamilia
د ژویو خواره
chakula cha mifugo
پاندا
panda

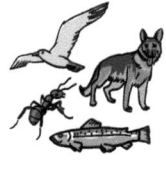

ژوی

wanyama

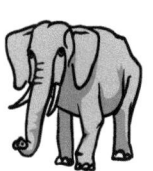

هاتي

tembo

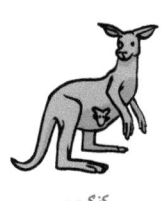

کنګرو

kangaruu

د اوبو اسپ

kifaru

ګوريلا

sokwe

ايږه

dubu

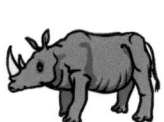

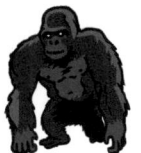

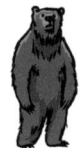

اوبش

ngamia

شترمرغ

mbuni

زمری

simba

بيزو

tumbili

غزی

heroe

طوطي

kasuku

قطبي ايره.ه

dubu

پينگوين

penguini

شارک

papa

طاوس

tausi

مار

nyoka

تمساح

mamba

ژوبن ساتونکی

mtunza wanyama

سيل

muhuri

جگوار

jaguar

يابو

mwanafarasi

پرانگ

chui

هيپو

kiboko

زرافه

twiga

باز

tai

نرخوک

nguruwe mwitu

کب

samaki

شمشتی

kobe

سمندري نولی

sili

کيدره

mbweha

هوسی

paa

امریکایی فټبال
soka ya marekani

سایکل خغلول
uendeshaji baiskeli

ټینس
tenisi

باسکیتبال
mpira wa kikapu

لامبو
kuogelea

د کنګل هاکي
magongo ya barafuni

باکسینګ
ndondi

فټبال
soka

کسیزه
vinyoya

د خُغاستی لوبی
riadha

د هندبال
mpira wa mikono

سکي
skii

پولو
polo

خندل
cheka

تروپ وهل
kuruka

غاړه وركول
kumbatia

کرخيدل
kutembea

سندري ويل
kuimba

خوب ليدل
ota ndoto

عبادت کول
kuomba

مچو کول
busu

ليکل
kuandika

کښل
kuteka

بڼودل
angalia

تبله کول
sukuma

وړکول
kutoa

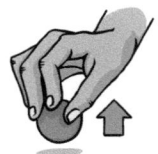

اخيستل
kuchukua

دربلولدل

kuwa

کول

fanya

پاییدل

kuwa

ودریدل

kusimama

مندی وهل

kukimbia

راکښل

vuta

ګوزارل

kutupa

لویدل

kuanguka

څملاستل

hadaa

انتظار کول

kusubiri

ورل

kubeba

کښېناستل

kukaa

پوښاک اغوستل

vaa nguo

ویده کېدل

usingizi

باخیدل

kuamka

کتل

kuangalia

ژرل

lia

برید کول

kiharusi

ګـمنځخ کول

chana nywele

خبری کول

ongea

پوهیدل

kuelewa

غوښتل

kuuliza

اوریدل

kusikiliza

څښل

kunywa

خورل

kula

پاکول

nadhifisha

مینه کول

upendo

پخلی کول

mpishi

موټر چلول

gari

الوتل

kuruka

بېری چلول

meli

حساب

kokotoa

لوستل

kusoma

زده کول

kujifunza

کار کول

kazi

واده کول

kuoa

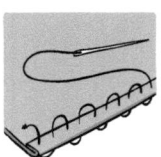

ګنډل

kushona

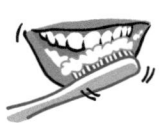

د غاښونو برس کول

piga mswaki

وژل

kuua

سګرت څښل

moshi

لیږل

kutuma

نیا
bibi

نیکه
babu

پلار
baba

مور
mama

ماشوم
mtoto

لور
binti

زوی
bin

میلمه
mgeni

ترور
shangazi

کاکا/ماما
mjomba

ورور
kaka

خور
dada

بدن

mwili

تندی
paji la uso
سترګي
jicho
اوږه
bega
ګوته
kidole
مخ
uso
زنه
kidevu
لاس
mkono
سینه
matiti
پښه
mguu
مټ
mkono

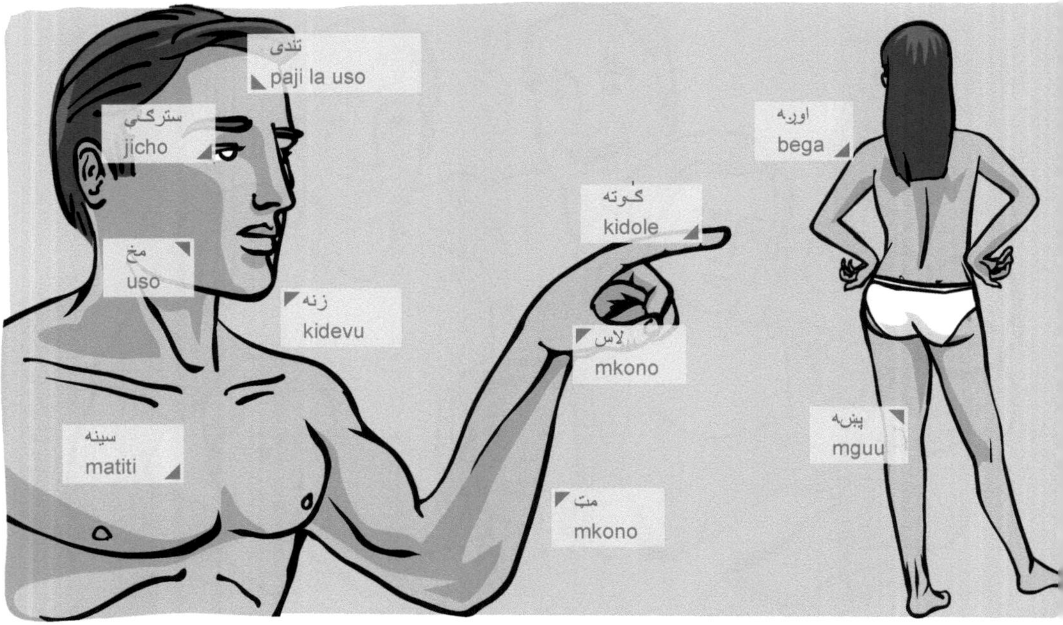

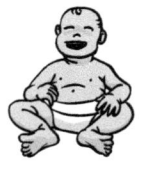

ماشوم

mtoto

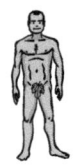

سړی

mwanamume

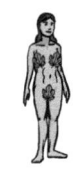

ښځه

mwanamke

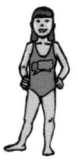

انجلۍ

msichana

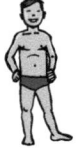

هلک

mvulana

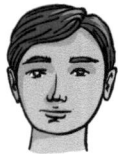

سر

kichwa

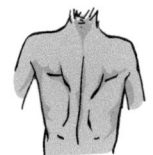

شا

nyuma

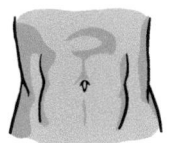

خیټه

tumbo

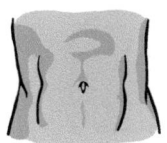

نوم

kitovu

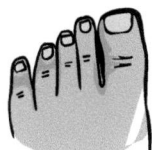

د پښې ګوته

chano

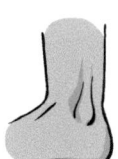

پونده

kisigino

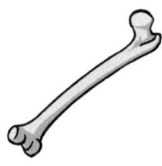

هډوکی

mfupa

کوناټی

nyonga

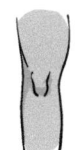

زنګون

goti

څنګل

kiwiko

پوزه

pua

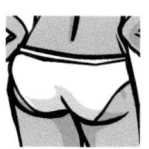

لاندي برخه

chini

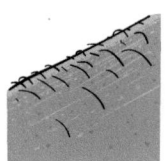

پوټکی

ngozi

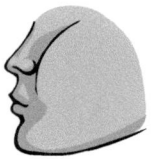

غومبوری

shavu

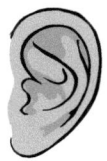

غوږ

sikio

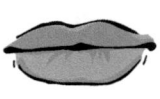

شونډه

mdomo

خوله

kinywa

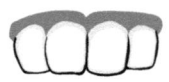

غاښ

jino

ژبه

ulimi

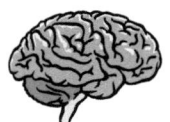

مغز

ubongo

زړه

moyo

عضله

misuli

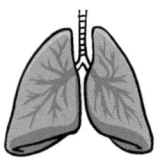

سږی

pafu

ځيګر

ini

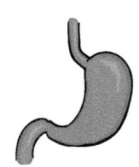

معده

tumbo

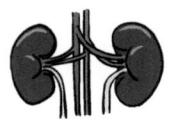

پښتورګي

figo

جنسي نږدي والی

jinsia

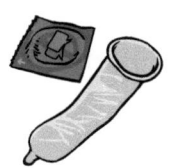

كاندوم

kondomu

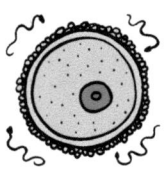

تخمه

ovari

مني

shahawa

حمل

mimba

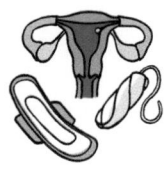

حيض

hedhi

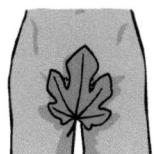

مهبل

uke

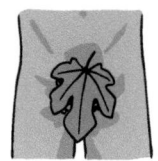

د نارينه تناسلي آله

uume

وروځی

unyusi

ویښته

nywele

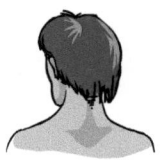

غاړه

shingo

روغتون
hospitali

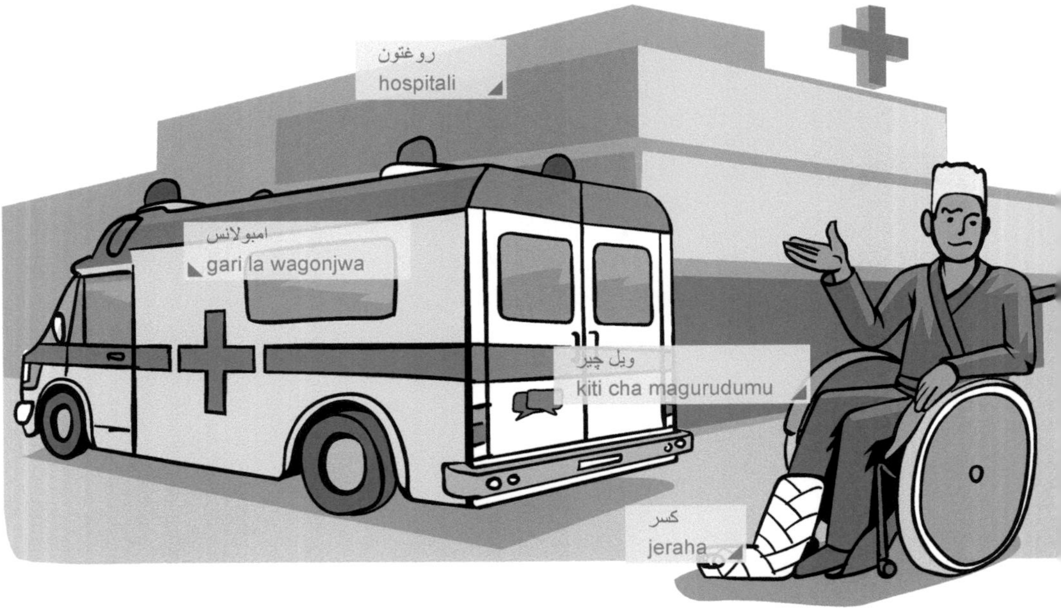

روغتون
hospitali
امبولانس
gari la wagonjwa
ویل چیر
kiti cha magurudumu
کسر
jeraha

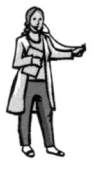

داکټر

daktari

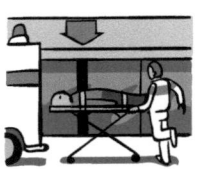

عاجل خونه

chumba cha dharura

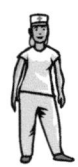

رنځورپال

muuguzi

عاجل

dharura

بې هوش

kupoteza fahamu

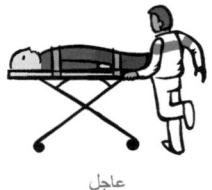

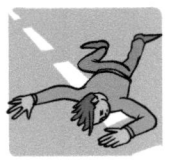

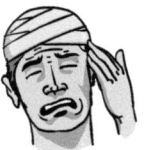

درد

maumivu

تّپ

kuumia

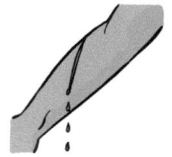

ويدل ونيو

kutokwa na damu

د زړه حمله

mshtuko wa moyo

برب

kiharusi

حساسيت

mzio

تّوخی

kikohozi

تبه

homa

انفلوينزا

mafua

نس ناستی

kuharisha

سر درد

maumivu ya kichwa

سرطان

kansa

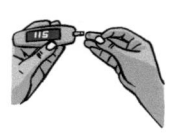

شکر

ugonjwa wa kisukari

جراح

daktari mpasuaji

سکالپل

kisu kidogo cha kupasulia

عمليات

operesheni

سیٰ.یتي
....
picha changanufu ya mwili

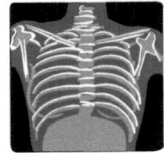

ایکس ری
....
Eksrei

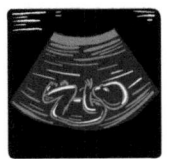

التّراساوند
....
mawimbi sauti

د مخ ماسک
....
barakoa ya uso

ناروغي
....
ugonjwa

انتظار خونه
....
chumba cha kusubiri

امسآ
....
mkongojo

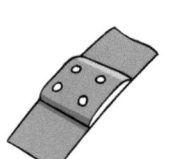

پلستر
....
plasta

بنداژ
....
bendeji

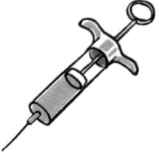

تزریق
....
sindano

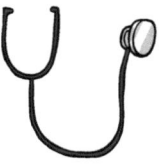

ستاتسکوپ
....
stetoskopu

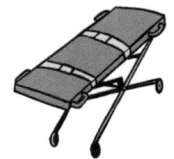

تسکیره
....
machela

کلینکي ترمامیتر
....
kipimajoto cha kliniki

زیږون
....
kuzaliwa

زیات وزن
....
unene kupita kiasi

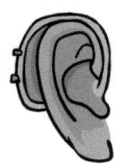

د اوريدو مرسته

kusikia misaada

د عفونيت څخه پاکونکي مواد

kipukusi

عفونيت

maambukizi

ويروس

virusi

ايچ.آي.وي/ايدز

VVU / UKIMWI

درمل

dawa

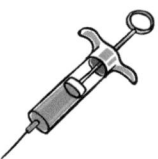

واکسين

chanjo

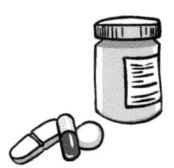

ټابليټس

vidonge

ګولۍ

kidonge

عاجل تليفون

simu ya dharura

د وينې د فشار څارونکی

haemodainamometa

ناروغ/ارو غ

mgonjwa / mwenye afya

مرسته!

Msaada!

الارم

kengele

يرغل

pigo

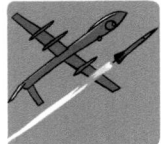

بريد

shambulizi

خطر

hatari

هره لاعج

lango la dharura

اور!

Moto!

د اور وژونکی

kizima moto

پيښه

ajali

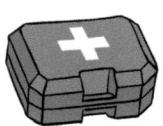

د لومړی مرستی لوازم

vifaa vya huduma ya kwanza

ایس.او.ایس

wito wa msaada

پوليس

polisi

اروپا

Ulaya

شمالي امريکا

Amerika ya Kaskazini

سهيلي امريکا

Amerika ya Kusini

افريقا

Afrika

آسيا

Asia

آسټريليا

Australia

اتلانتيک

Atlantiki

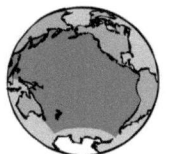

پاسيفيک

Pasifiki

د هند بحر

Bahari ya Hindi

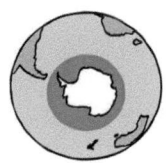

جنوبي منجمد بحر

Bahari ya Antaktiki

د شمال قطب بحر

Bahari ya Aktiki

شمالي قطب

Ncha ya Kaskazini

سهيلي قطب
....
Ncha ya Kusini

انتاركتيكا
....
Antaktika

خُمکه
....
dunia

خُمکه
....
nchi

بحر
....
bahari

تَابِو
....
kisiwa

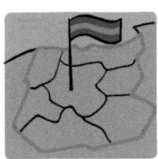

ملت
....
taifa

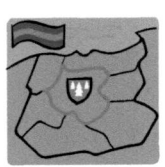

دولت
....
jimbo

د مخى ساعت
....
uso wa saa

د ساعت ستنه
....
akrabu ya saa

د دقیقى ستنه
....
akrabu ya dakika

د ثانیى ستنه
....
akrabu ya sekunde

څه وخت دى؟
....
Ni saa ngapi?

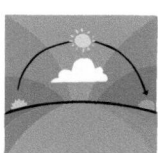

ورځ
....
siku

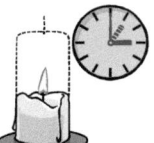

وخت
....
wakati

اوس
....
sasa

دیجیتل ساعت
....
saa ya dijitali

دقیقه
....
dakika

ساعت
....
saa

پرون
jana

نن
leo

سبا
kesho

سهار
asubuhi

غرمه
saa sita mchana

ماښام
jioni

کاري ورځې
siku za biashara

د اونۍ پای
mwishoni mwa wiki

کال

mwaka

رنګین کمان
upinde wa mvua
باران
mvua
واوره
theluji
باد
upepo
پسرلی
majira ya machipuko
منی
vuli
اوړی
kiangazi
ژمی
majira ya baridi

4.APRIL 11°
5.APRIL 4°
6.APRIL 13°
7.APRIL 8°
8.APRIL 10°

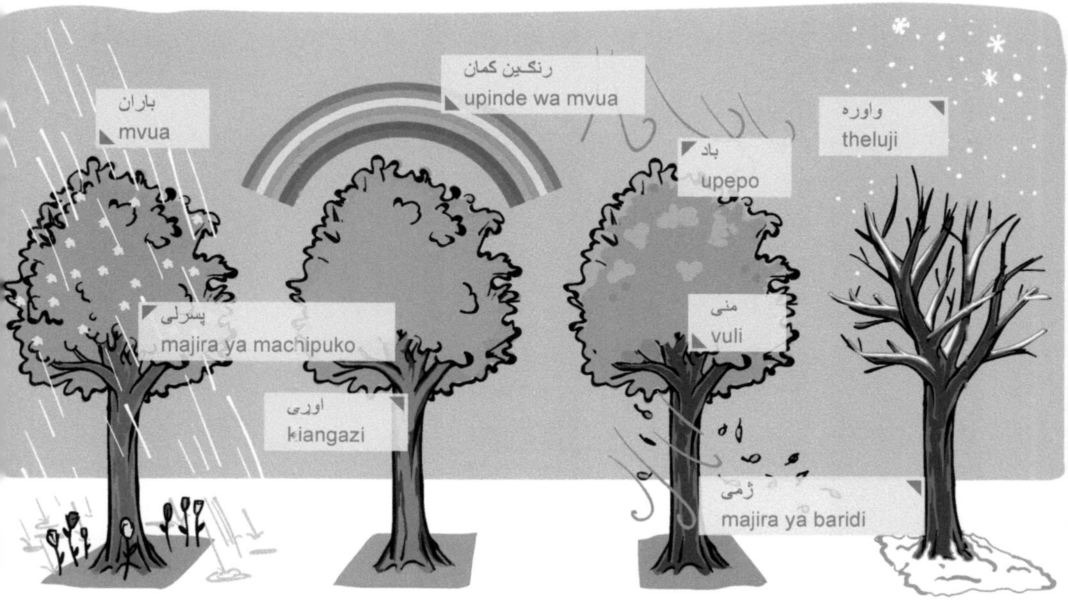

د موسم وړاندوینه

utabiri wa hali ya hewa

F
C
120
90
60
30
0
-30
40
30
20
10
0
-10
-20

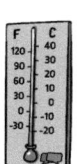

ترمومیټر

kipimajoto

د لمر وړانګې

mwanga wa jua

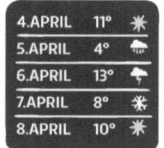

وریځ

wingu

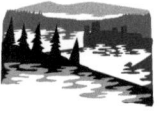

لړه

ukungu

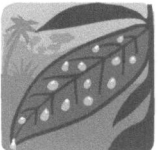

رطوبت

unyevu

رنا

umeme

تندر

radi

توفان

dhoruba

ژلی وریدل

mvua ya mawe

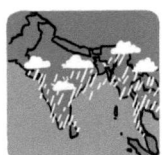

مون سون باران

monsuni

سیلاب

mafuriko

یخ

barafu

جنوري

Januari

فبروري

Februari

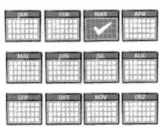

مارچ

Machi

اپرېل

Aprili

می

Mei

جون

Juni

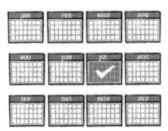

جولای

Julai

اگست

Agosti

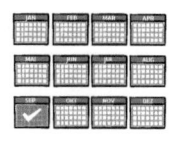

سپتمبر

Septemba

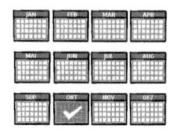

اکتوبر

Oktoba

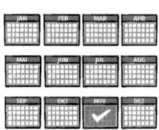

نومبر

Novemba

دسمبر

Desemba

شکلونه

maumbo

دایره

mduara

مربع

mraba

مستطیل

mstatili

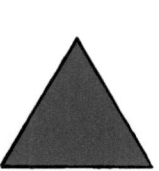

مثلث

pembetatu

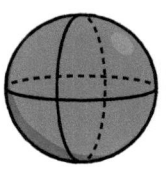

توپ

nyanja

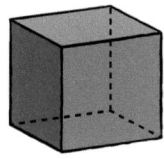

فال

mchemraba

سپین
....
nyeupe

ژیر
....
manjano

نارنجي
....
chungwa

گلابي
....
rangi ya waridi

سور
....
nyekundu

ارغواني
....
hudhurungi

نیلي
....
bluu

شین
....
kijani

نسواري
....
hanja

خر
....
jivujivu

تور
....
nyeusi

خورا دير/خورا لږ

mengi / kidogo

قار/ارام

hasira / pole

ښکلي/بدشکله

nzuri / mbaya

پيل/پای

mwanzo / mwisho

لوی/کوچنی

kubwa / ndogo

روښان/تياره

angavu / giza

ورور/خور

kaka / dada

پاک/ککر

safi / chafu

مکمل/ناممکمل

kamilika / tokamilika

ورخ/شپه

siku / usiku

مرلی/وندی

wafu / hai

پراخه/نری

pana / nyembamba

د خوراک ور/نه خورل كيدونكى

kulika / kutolika

بد/مهربان

ovu / ema

پاريدليا/بي خونده

sisimkwa / udhika

چاق/وچ

nene / nyembamba

لومړی/وروستی

kwanza / mwisho

ملگری/دښمن

rafiki / adui

ډك/تش

jaa / tupu

سخت/نرم

ngumu / laini

درون/سپک

nzito / nyepesi

لوږه/تنده

njaa / kiu

ناروغ/روغ

mgonjwa / mwenye afya

غيرقانوني/قانوني

haramu / kisheria

هوښيار/ساده

akili / kijinga

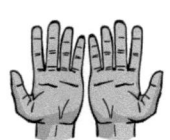

كين/ښي

kushoto / kulia

نږدې/لرې

karibu / mbali

نو/نژور

mpya / kutumika

هیخ/خ/یوخه

kitu / jambo

بد/ا/خوان

zee / changa

چالا/ذ/بند

waka / zima

خلاص/ترلی

wazi / fungwa

غلیا/لور غر

utulivu / kelele

بد/ایه/غریب

tajiri / masikini

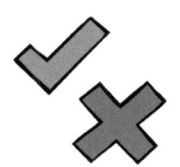

صحیح/غلط

sahihi / kosa

زیر/ملایم

mbaya / laini

خفه/خوش

huzunika / furahia

لند/ا/ورد

fupi /ndefu

سست/گرندی

polepole / haraka

لوندا/وچ

nyevu / kavu

گرم/ایخ

joto / baridi

جگر/ه/سوله

vita / amani

0

صفر

sufuri

1

يو

moja

2

دوه

mbili

3

دري

tatu

4

څلور

nne

5

پنځه

tano

6

شپږ

sita

7

اوه

saba

8

اته

nane

9

نهه

tisa

10

لس

kumi

11

يولس

kumi na moja

12

سلود

kumi na mbili

13

سلاريد

kumi na tatu

14

سلاروغ

kumi na nne

15

سلخنپ

kumi na tano

16

سرابش

kumi na sita

17

سلوو

kumi na saba

18

سلتا

kumi na nane

19

سلون

kumi na tisa

20

لشِ

ishirini

100

لس

mia

1.000

رز

elfu

1.000.000

ميليون

milioni

انگلسي

Kiingereza

امريكايى انگلسي

Kiingereza cha Marekani

چينايى مندرين

Kimandarini cha Uchina

هندي

Kihindi

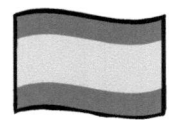

هسپانوي

Kihispania

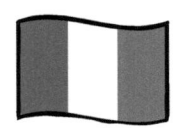

فرانسوي

Kifaransa

عربي

Kiarabu

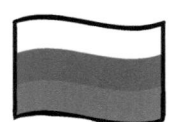

روسي

Kirusi

پرتگالي

Kireno

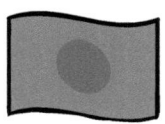

بنگالي

Kibengali

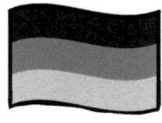

آلماني

Kijerumani

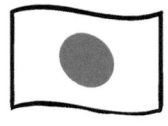

جاپاني

Kijapani

زه

mimi

ته

wewe

هغه/دغه/دا

yeye / yeye / ni

موږ

sisi

تاسي

wewe

دوی/هغوی

wao

څوک؟

nani?

څه؟

nini?

څنگه؟

jinsi gani?

چيري؟

wapi?

کله؟

lini?

نوم

jina

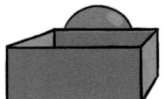

ښاته

nyuma

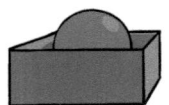

پَه

katika

په مخه کي

mbele ya

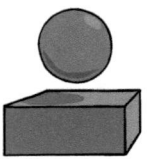

باندي

juu ya

پَه

kwenye

لاندي

chini ya

برسيره پر

kando

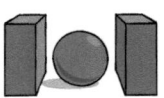

تَرمینځ

kati

ځای

mahali